REVUE
ARCHÉOLOGIQUE

(ANTIQUITÉ ET MOYEN AGE)

PUBLIÉE SOUS LA DIRECTION

DE MM.

ALEX. BERTRAND ET G. PERROT

MEMBRES DE L'INSTITUT

SALOMON REINACH

CHRONIQUE D'ORIENT

FOUILLES ET DÉCOUVERTES
A CHYPRE
Depuis l'occupation anglaise.

PARIS
ERNEST LEROUX, ÉDITEUR
28, RUE BONAPARTE, 28

1886

L'administration et le Bureau de la *REVUE ARCHÉOLOGIQUE* sont à la Librairie Ernest Leroux, 28, rue Bonaparte, Paris.

CONDITIONS DE L'ABONNEMENT

La *Revue archéologique* paraît par fascicules mensuels de 64 à 80 pages grand in-8°, qui forment à la fin de l'année deux volumes ornés de 24 planches et de nombreuses gravures intercalées dans le texte.

PRIX :

Pour Paris. Un an...........	25 fr.	Pour les départements. Un an..	27 fr.
Un numéro mensuel..........	3 fr.	Pour l'Etranger. Un an.......	28 fr.

On s'abonne également chez tous les Libraires des Départements et de l'Étranger.

CHRONIQUE D'ORIENT

IIIe SÉRIE, T. IV

FOUILLES ET DÉCOUVERTES A CHYPRE

DEPUIS L'OCCUPATION ANGLAISE

M. Newton écrivait en 1879 dans la *Revue d'Edimbourg*[1] : « Il y a un coin de l'Orient où aucun obstacle ne s'opposerait à une exploration archéologique entreprise par le gouvernement anglais. Ce coin est l'île de Chypre, une île qui bien que n'ayant encore été examinée qu'à la hâte, s'est montrée si riche en antiquités que le musée de New-York tout entier a pu être formé de ses dépouilles. »

Le congrès de Berlin, par les modifications qu'il a apportées ou qu'il a préparées dans la carte de l'Europe, n'a pas laissé d'exercer une influence heureuse sur les études archéologiques. La Thessalie, rendue à la Grèce (que ne lui a-t-on en même temps donné la Crète !) a pu enfin être explorée méthodiquement, et Larissa a fourni à M. Lolling le plus important monument connu du dialecte thessalien. La Tunisie, que des engagements tacites mettaient à la disposition de la France, est devenue une mine si féconde en inscriptions latines que plus de trois mille textes inédits ont pu y être recueillis en moins de quatre ans. Mais c'est surtout sur l'île de Chypre, enfin soumise à un gouvernement régulier et soucieux des intérêts de l'esprit, que l'archéologie était en droit de fonder les plus belles espérances. On attendait que la Grande-Bretagne commençât, sur ce sol privilégié, une série d'explorations richement dotées, semblables à celles qui ont fait entrer au Musée Britannique, grâce à MM. Newton, Pullan et Wood, les dépouilles des plus beaux temples de l'Asie Mineure. Ce n'est pas la faute de M. Newton si cette espérance a été trompée. Les études archéologiques ne sont pas en honneur en Angleterre, et si des archéologues de mérite ont pu s'y former dans ces derniers temps, c'est par l'initiative des Universités et de sociétés privées auxquelles le gouvernement n'a pas prêté son appui. Tandis que la France a déjà dépensé plus de cent mille francs pour entretenir des missionnaires en Tunisie et y faire exécuter des fouilles, l'Angleterre n'a presque rien fait pour Chypre. Elle n'y a même pas envoyé un archéologue chargé de relever les ruines qui sont à la surface du sol. Le Musée Britannique et le Musée de Kensington ont subventionné quelques travaux de peu d'importance; toutes les autres recherches ont eu lieu aux frais de particuliers ou de la société d'archéologie locale formée dans l'île. Mais le sol de Chypre est d'une richesse si prodigieuse qu'il suffit presque de le gratter pour en extraire des antiquités de prix; aussi, malgré l'exiguïté des ressources dont l'archéologie chy-

1. Newton, *Essays on art and archaeology*, 1879, p. 372.

priote a pu disposer depuis 1878, la moisson a été très abondante sur quelques points. Nous voudrions résumer ici les principaux résultats des nombreuses petites explorations dont Chypre a été le théâtre dans ces cinq ou six dernières années. Ce serait une tâche presque impossible à remplir si l'on ne voulait mettre en œuvre que des documents imprimés. Heureusement, un jeune savant allemand, M. Ohnefalsch-Richter, qui suit ou dirige avec une véritable passion les recherches archéologiques dans l'île, a bien voulu nous envoyer une série de rapports très détaillés sur les travaux qu'il a conduits ou dont il a été témoin. C'est à lui que nous devons de pouvoir présenter à nos lecteurs le tableau d'ensemble de ces efforts, auxquels les ressources matérielles ont fait défaut, mais non pas la méthode, la perspicacité et l'intelligence, qui suppléent, dans une certaine mesure, à l'insuffisance regrettable des moyens.

I

M. Richter n'est pas un archéologue de profession : il est devenu archéologue par goût et par le hasard des circonstances. De 1869 à 1872, il a étudié les sciences naturelles à l'université de Halle. Ensuite il a passé six ans à parcourir l'Italie et l'Allemagne, s'appliquant de préférence à la peinture et à la photographie. C'est pour ce dernier art qu'il finit par se décider, sur le conseil des peintres qui avaient dirigé ses premiers essais. Il pensait, en 1877, à se fixer comme photographe en Italie et à publier un grand ouvrage illustré sur l'Italie archéologique et pittoresque. L'occupation de Chypre par les Anglais en 1878, la lecture du livre de M. F. de Lœher sur cette île, enfin le bruit des découvertes de M. de Cesnola, le poussèrent, au mois d'avril 1878, à partir pour Chypre en qualité de correspondant de divers journaux et de revues illustrées. Arrivé à Larnaca, il commença par peindre et par exercer son métier de photographe. La chancellerie allemande l'avait recommandé aux autorités anglaises comme pouvant rendre des services à l'archéologie; MM. C.-D. Cobham, commissaire anglais à Larnaca, et M. le Dr Pieridès, un des plus intelligents collectionneurs de Chypre, avaient attiré sur lui la bienveillante attention de M. Newton. Dès 1878, M. Richter s'adressa à plusieurs reprises à sir Samuel Wolseley, gouverneur de l'île, pour lui signaler des emplacements inexplorés et obtenir l'autorisation d'y faire des fouilles. Cette autorisation se fit attendre pendant deux ans. Entre temps, M. Richter parcourait Chypre dans toutes les directions, enseignait le dessin et la peinture à l'école américaine de Larnaca, étudiait l'entomologie et l'herpétologie chypriotes, envoyait des correspondances à l'*Allgemeine Zeitung*, à la *Neue Freie Presse* et à la revue *Unsre Zeit*. Enfin, au mois d'octobre 1880, il fut chargé par le Musée Britannique de commencer des fouilles près de Larnaca, puis, en 1881, à Salamis et en d'autres endroits. Mais le manque de fonds ne permettant pas de continuer ces travaux, qui avaient été très fructueux, M. Richter se décida, une fois de plus, à changer de profession.

Du mois de juin 1881 jusqu'à la fin de mars 1882, il occupa une place dans l'administration des forêts de l'île, obligé souvent, malgré ses protestations, de planter des arbres sur des emplacements non fouillés qu'il regrettait de voir ainsi perdus pour l'archéologie. En sa qualité de *superintendent of the works for replanting*, M. Richter était toujours par voies et par chemins, et partageait son attention entre les vieux monuments et les plantations nouvelles [1].

En 1882, dernier changement : c'est l'archéologie qui réclame M. Richter et qui doit sans doute le garder. M. Newton le chargea de nouvelles fouilles à Salamis. La même année, le gouvernement local fonda le musée de Chypre, qui commença dès 1883 à faire pratiquer des fouilles à ses frais par M. Richter. Le gouvernement anglais ne donne aucune subvention au musée, qui est entretenu par des souscriptions privées, mais, héritier des droits que la loi des antiquités de 1874 reconnaissait au gouvernement turc, il concède au musée la propriété des objets antiques qui lui reviendraient d'après cette loi. Tandis que le gouvernement ottoman, obéissant aux plus funestes conseils, a remplacé la loi de 1874 par le règlement prohibitif de 1884, l'Angleterre a laissé subsister à Chypre l'ancienne loi turque rédigée par Déthier. Le gouvernement, c'est-à-dire le musée de Nicosie, a droit au tiers des antiquités découvertes sur territoire privé et aux deux tiers de celles que l'on exhume dans un terrain public. M. Richter fut nommé *consulting archaeologist of the Cyprus museum, superintendent of excavations at Cyprus, member of the executive Comittee of the Cyprus Museum.* C'est en cette qualité qu'il a dirigé et qu'il dirige encore des fouilles, tant au nom du musée qu'en celui des particuliers qui lui donnent commission à cet effet; il a été chargé en outre de rédiger le catalogue de la collection locale, que les dernières recherches ont considérablement enrichie. Au commencement de 1885, le conservateur du musée était le capitaine Sinclair; le comité était présidé par le gouverneur de l'île, sir R. Biddulph, qui a été remplacé depuis [2]. Nous avons sous les yeux le rapport présenté au conseil dans la séance du 1er mai 1885. Les souscriptions recueillies par le musée avaient atteint 10,000 francs et les dépenses faites s'élevaient à 9,000 francs environ. Dans le budget des dépenses figurent le traitement de M. Richter, les frais de fouilles (3,000 francs environ), l'acquisition de livres (500 francs), l'installation du musée (600 francs). Parmi les recettes, nous trouvons le montant des souscriptions en 1883-1884 (8,800 francs), le produit de la vente des doubles du musée (500 francs), celui du rachat, par quelques particuliers, du tiers des trouvailles revenant de droit au gouvernement (500 francs). Il est assurément très remarquable qu'une petite île comme Chypre fournisse, par voie de souscriptions volontaires, une somme relativement aussi importante pour l'entretien et l'accroissement de son musée; plusieurs personnes ont, du reste, témoigné leur sympathie à la collection naissante en lui faisant don de livres, de dessins et d'objets d'art. Le directeur du musée de South Kensington a envoyé une belle collection d'ouvrages archéologiques; M. Pieridès a donné des timbres d'amphores, M. Thomson une statuette de marbre trouvée à Paphos, M. Tanos, un Chypriote établi en Egypte, deux momies et des photographies de monuments égyptiens ; enfin, le gouvernement a placé dans le musée la partie de la collection de M. A.-P. de Cesnola qui

1. M. Richter a publié dans l'*Ausland* (17 septembre 1881, p. 744) un article sur le régime forestier de Chypre. (*Cyperns Wælder und Waldwirthschaft.*)

2. Le comité émet des avis sur l'opportunité d'autoriser des fouilles, lorsque les particuliers en font la demande, mais le gouvernement s'est réservé le droit de prendre seul des décisions à cet égard.

était restée à Larnaca. M. Pieridès a même commencé (1883) la publication d'un bulletin archéologique, intitulé *The Cyprus Museum*, qui doit porter à la connaissance des savants d'Europe les découvertes faites dans l'île. Mais tout le bon vouloir ne remplace pas une allocation fixe ni une première mise de fonds qui permettrait d'installer convenablement le musée. A cet égard, la situation paraît être déplorable. En 1883, M. Richter a fait transporter au musée une collection de grandes statues découvertes par lui à Voni. Faute de place, il a fallu les loger dans un corridor où elles ont été, à trois reprises, brutalement mutilées pendant la nuit. A une question de l'archevêque grec, Mgr Sophronios, le gouverneur général a répondu qu'il n'y avait pas un centime à espérer du gouvernement. Cela pouvait être vrai sous le régime des *whigs*, qui, malgré l'érudition archéologique de leur *leader*, ont toujours traité Chypre comme une acquisition importune ; mais ne pouvions-nous pas espérer que les successeurs de Disraeli, qui a donné Chypre à l'Angleterre, tiendraient à honneur de faire pour cette île, dont le rôle dans l'histoire de la civilisation a été si grand, ce que la France a fait et continue de faire pour une autre terre phénicienne, non moins riche que Chypre en souvenirs, mais plus pauvre en monuments de l'art?

Nous allons énumerer successivement, et en suivant l'ordre géographique, les fouilles que M. Richter a conduites et celles qu'il a seulement pu surveiller. Les rapports qu'il a eu l'obligeance de nous adresser, et qui étaient accompagnés de nombreuses photographies, sont beaucoup trop considérables pour être reproduits intégralement : en outre, écrits à la hâte, au jour le jour, parfois au milieu même des fouilles, ils ne nous ont pas toujours paru d'une intelligence facile. M. Richter voudra donc excuser les erreurs de détail que nous pourrons commettre pour l'avoir imparfaitement compris ; nous savons d'ailleurs qu'il prépare lui-même une série de publications étendues sur ses recherches dont nous devons nous contenter de donner un très rapide aperçu [1].

1. Les vases et poteries découverts par M. Richter doivent être publiés par M. Furtwaengler. L'Institut allemand d'Athènes a envoyé à Chypre, au mois de

La carte ci-dessus, dessinée par nous d'après un croquis de M. Richter, indique les emplacements des fouilles récentes, dont on chercherait vainement les noms sur les cartes antérieures. Le lecteur pourra aisément les reporter sur la carte de M. Kiepert annexée à l'ouvrage de M. de Cesnola [1].

II

I. *Larnaca, Citium.* — Au mois d'octobre 1880, M. Richter commença des fouilles à Larnaca aux frais du Musée Britannique. Il ouvrit des tombes dans un jardin de la ville et y découvrit, dans un sarcophage de pierre, une quantité d'amulettes en porcelaine verte de style égyptien, qui ont été gravées dans une revue illustrée de Londres, le *Graphic* (25 décembre 1880, p. 653). Un second sarcophage, voisin du premier, renfermait un miroir en bronze et des *periskélides* en argent. Tout près de là, M. Richter ouvrit un tombeau en présence de M. Sayce : il contenait également une amulette égyptienne, mais les hiéroglyphes étaient mal copiés et attestaient un travail de contrefaçon locale. Plus tard, des fouilles clandestines ont fait découvrir à Citium des figurines funéraires égyptiennes en porcelaine bleue.

D'autres tombeaux à l'ouest de Larnaca donnèrent des lampes et des monnaies romaines (*Graphic*, 1880, p. 653). Comme les résultats étaient minces, mais que les ouvriers désiraient continuer ces fouilles qui leur permettaient d'habiter dans leurs familles à Larnaca, ils profitèrent d'une absence de M. Richter pour apporter quelques vases antiques à cercles concentriques qu'ils avaient trouvés dans des fouilles antérieures et les mêlèrent clandestinement aux objets romains qu'ils découvraient. M. Richter, étonné de trouver des vases de style archaïque à côté de lampes romaines, mais ne suspectant pas encore la fraude (il n'en fut instruit que quatre ans après), releva ce fait singulier dans les *Mittheilungen* de l'Institut allemand (1881, p. 194), et M. Perrot le signala à son tour (*Histoire de l'Art*, III, p. 732), d'après le témoignage de M. Richter. C'était la première, mais non pas la dernière fois que la fourberie des ouvriers chypriotes devait induire M. Richter en erreur; la circonspection et la méfiance sont des qualités précieuses qu'un archéologue ne peut acquérir qu'en se trompant.

Dans le jardin de Saparilla, à l'échelle de Larnaca, on a découvert au printemps de 1880 une statue en marbre d'Artémis, qui est sans doute la plus belle œuvre grecque encore trouvée à Chypre (H. 0m,80). Décrite et publiée dans divers recueils [2], elle a été transportée presque aussitôt et vendue à Vienne. M. Friedlænder y a reconnu une représentation d'Artémis s'appuyant sur sa propre idole. L'original remonte probablement à l'époque de Praxitèle. Cette statue, dont le bras droit existait au moment de la découverte, fut d'abord

mai 1885, un archéologue, M. Dümmler, chargé de contrôler les résultats des fouilles entreprises dans l'île depuis les travaux de M. de Cesnola. Il est regrettable que notre école d'Athènes, absorbée par d'autres recherches importantes, n'ait pu encore prendre sa part dans cette œuvre collective d'exploration.

1. On vient de graver à Londres une carte de Chypre en quinze feuilles, à l'échelle d'un pouce au mille, dressée sous la direction du capitaine Kitchener. Bien que cette carte ait paru, nous ne l'avons pas encore eue sous les yeux.

2. *Neue illustrirte Zeitung*, Vienne, 1881, p. 14 : *Heimat*, 1881, p. 347 ; *l'Illustration*, 4 sept. 1881, p. 160 ; *Illustrirte Zeitung*, octobre 1881, p. 311 ; *Graphic*, 26 novembre 1880, p. 499 ; *Archaeolog. Zeitung*, 1880, p. 184 et pl. XVII.

offerte à un Français établi à Chypre; dans la suite, le bras s'est perdu et l'on n'a pu le retrouver. Le piédestal ovale qui portait le groupe a été détruit. Des fouilles ultérieures de M. Richter ont prouvé que cette œuvre d'art ornait l'intérieur d'une salle décorée de stuc et de fresques de style pompéien. On y a recueilli également un morceau de frise en terre cuite.

Ce quartier de l'ancienne Citium a déjà fourni un grand nombre d'antiquités, parmi lesquelles une inscription grecque publiée dans un journal illustré de Vienne, *Die Heimat* (1881, p. 347) :

Βασιλέα Πτολεμαῖον θεὸν Εὐεργέτην τὸν ἐγ βασιλέων
Πτολεμαίου καὶ Ἀρσινόης θεῶν Φιλαδέλφων τὸν ἑαυτῶν προστάτην
οἱ ἀπὸ Γυμνασίου.

Cette inscription paraît rappeler l'embellissement du gymnase de Citium par Ptolémée III Évergète (246-221). Non loin de là, M. Richter a trouvé une conduite d'eau, les restes de constructions considérables (sans doute du gymnase) et le torse en marbre d'un adolescent haut de 0m,69. La même région, indiquée par la lettre *h* sur la carte de Citium publiée dans le *Corpus inscriptionum semiticarum* (p. 35), a fourni une stèle assyrienne, actuellement au musée de Berlin, et une inscription phénicienne d'abord publiée par M. Schrœder dans la *Zeitschrift der Morgenlændischen Gesellschaft* (t. XXXIV, 1880, p. 764; *Corpus inscr. semit.*, n° 40, pl. VIII). Il serait très désirable, suivant M. Richter, qu'on y entreprît des fouilles systématiques.

Aux mois de janvier et février 1881, M. Richter ouvrit pour le Musée Britannique de nouvelles tombes à Larnaca, dans le quartier dit Agios Ianis. Les deux objets les plus remarquables exhumés dans ces fouilles sont aujourd'hui à Londres : ce sont une œnochoé gréco-phénicienne avec deux oiseaux aquatiques et les fragments du col d'un grand vase décoré de fleurs, de palmettes et d'oiseaux placés entre des *svastikas*.

Sur la route de Larnaca à Nicosie, entre le 6e et le 7e milliaire, M. Richter a ouvert en 1882 quelques tombes assez riches, dont le contenu a passé au Musée Britannique. Elles renfermaient beaucoup de vases gréco-phéniciens avec cercles concentriques sans point central et des vases à couverte rouge lustrée avec décorations noires. Un des vases, d'un très bon travail, est surmonté d'un col extrêmement grossier fait de morceaux collés ensemble. Il y a là un exemple à joindre à ceux que l'on a déjà signalés de vases restaurés dès l'antiquité[1]. Dans le même tombeau était une petite coupe à deux anses, avec cercles concentriques et point central, qui rappelle le style des vases archaïques trouvés à Athènes au Dipylon.

Sur la pente escarpée de la colline de Kosci, au 5e mille de la route de Larnaca à Nicosie, M. Richter a étudié un sanctuaire d'Apollon qui avait été fouillé antérieurement. Il y a trouvé des fragments de statues analogues à celles d'Athiénau et de Voni[2], de petits cavaliers en terre cuite, des chars montés par

1. Cf. de Witte, *Gazette archéologique*, 1878, p. 141; *Collection Castellani*, 1865, n° 14.
2. Cf. Perrot, *Histoire de l'art*, III, fig. 355, 358, 359, 360; Cesnola-Stern, pl. XXIII, XXV; *Mittheilungen*, 1884, pl. V, fig. 8.

des guerriers, etc. Mais ces objets, dont les précédents fouilleurs n'avaient pas voulu, étaient réduits en morceaux [1].

Le tombeau du jardin de Mme Bargili à Vieux-Larnaca a été décrit dès 1865 [2]. Il est aujourd'hui ruiné en grande partie. Sa construction, qui paraît une imitation de l'ancien style gréco-pélasgique, est conforme à celles des tombes signalées par Pococke et Ross. La chambre intérieure, d'après les mesures de M. Richter, avait 3 mètres de large, 3m,85 de long et 3m,15 de hauteur; sur les murs latéraux la hauteur n'est que de 2m,60. Toutes les pierres sont admirablement taillées et ajustées. Le toit est formé de deux groupes de cinq pierres chacun, appuyées deux à deux en arcs-boutants. M. Richter en a donné une coupe dans le *Journal of Hellenic Studies* (1883, pl. XXXIV, 6).

La plus importante construction de ce genre, près de Larnaca, est située à l'ouest de l'échelle et porte le nom de *Panagia Phaneromeni*. Comme elle a décrite par M. Perrot [3] d'après les publications de M. Richter [4], il est inutile de nous y arrêter ici. M. Richter a déblayé ce monument au printemps de 1881 au nom du commissaire civil de Larnaka, M. Cobham. Par la découverte de la source au milieu du monument, il a établi qu'il fallait y voir un château d'eau et non pas, comme les précédents explorateurs, une construction funéraire.

Au printemps de 1881, le gouverneur de l'île donna ordre à M. Richter de lever le plan de l'Acropole de Citium. Dès 1879, M. Richter y avait signalé un sanctuaire d'Astarté [5], opinion confirmée par la découverte de deux inscriptions phéniciennes [6]. Cette année même, le lieutenant Sinclair fut chargé d'enlever la terre de la colline de *Bamboula* (l'Acropole) pour la jeter dans le marais fiévreux qui occupe l'emplacement de l'ancien port fermé de Citium. Ces travaux, qui continuent encore, ont fait disparaître de nombreux murs antiques que M. Richter a pu indiquer dans le plan encore inédit qu'il a dressé. Les constructions de l'Acropole paraissent avoir été détruites à l'époque des Ptolémées et n'avoir pas été réparées depuis, car on n'y a découvert aucun objet d'époque postérieure. En 1879, on a recueilli, dans le sanctuaire d'Astarté, neuf statuettes phéniciennes du même type, hautes de 0m,20, représentant la déesse-mère debout tenant un enfant dans le bras gauche. Le travail est extrêmement grossier, le nez seul étant indiqué sur le visage. D'autres fragments trouvés au même endroit appartiennent au style gréco-assyrien et marquent un progrès notable. Deux Apis et un sphinx en calcaire trahissent l'influence phénicienne. Enfin, une tête imberbe dont les cheveux sont travaillés à la manière assyrienne appartiendrait au commencement de l'époque grecque.

Bien que Larnaca-Citium ait été, avant l'occupation anglaise, le centre des recherches archéologiques dans l'île, et que les environs immédiats de cette ville aient été relativement bien explorés, M. Richter a pu découvrir sur place un

1. Cf. Perrot, III, pl. II; Cesnola-Stern, pl. XX XVII, 2, 3.
2. Unger et Kotschy, *die Insel Cypern*, Vienne, 1865, p. 529, 530.
3. *Histoire de l'art*, III, p. 275-277.
4. *Archaeol. Zeitung*, 1881, p. 311 et pl. 18.
5. *Ausland*, 1879, p. 970.
6. *Corpus inscriptionum semiticarum*, I, nos 86 A et B. M. Richter me fait observer que le plan de Citium publié dans ce recueil n'est pas exact et que le mur d'enceinte qu'il indique n'a pas laissé la moindre trace.

nombre suffisant de fragments pour se faire une idée des caractères distinctifs de l'art et de la civilisation de Citium. Dans un mémoire étendu qu'il nous a communiqué, il s'est appliqué à marquer l'antithèse que présente la ville phénicienne de Citium par opposition à la ville hellénique de Salamis. Le contraste est surtout sensible dans la poterie archaïque de ces deux localités. Les vases à ornements verticaux courant de haut en bas ou de long en large [1] et les cercles concentriques, très fréquents à Citium, sont entièrement inconnus à Salamis. Les décorations géométriques, en échiquier ou autrement, nombreuses à Citium, font défaut à Salamis. Il en est de même de l'ornement appelé *svastika*. L'influence égyptienne, qui se marque à Citium par les figurines découvertes sur l'Acropole et les amulettes des tombeaux de Larnaca, n'a pas laissé de trace à Salamis. En général, les vases de Citium sont peints, ce qui n'est pas le cas à Salamis : la couleur est le plus souvent un gris sombre; le rouge brun et le rouge, seul ou combiné avec le noir, sont plus rares. D'autre part, suivant la remarque de M. Richter, les antiquités d'une époque très reculée, que l'on peut attribuer à la population primitive de l'île, sont plus nombreuses à Salamis qu'à Citium. La région de Salamis, composée de plaines fertiles, est plus attrayante que celle de Larnaca. Il semble donc que les Phéniciens aient trouvé à Salamis de très nombreux indigènes et que, ne pouvant les chasser, ils se soient établis plutôt à Citium. Les Grecs, à leur tour, trouvèrent une forte population phénicienne à Citium et dans d'autres localités de la côte méridionale de l'île : aussi s'établirent-ils de préférence à Salamis.

La publication de M. Alexandre de Cesnola sur cette dernière ville paraît n'avoir pas été faite avec toute la critique désirable, et l'auteur aura sans doute plus d'une fois éprouvé la même mésaventure que M. Richter, dont les ouvriers, comme nous l'avons vu plus haut, introduisirent des objets étrangers dans les tombes qu'ils fouillaient à Larnaca. Aussi souhaitons-nous que M. Richter puisse bientôt publier intégralement le résultat des observations comparatives qu'il a faites à Salamis et à Citium.

Avant de quitter Larnaca, signalons une stèle funéraire très intéressante, de style égyptien et d'un travail très remarquable, trouvée à Citium et appartenant à M. Watkins. M. Richter nous en a communiqué une photographie d'après

1. Ces stries horizontales paraissent dériver de l'imitation des vases en bois, comme les cercles concentriques de l'imitation des vases en métal (Richter).

laquelle nous avons exécuté le dessin ci-dessus. La hauteur totale est $1^m,33$ et la largeur *maxima* de $0^m,58$. La tête seule a $0^m,51$ de haut. C'est assurément le plus curieux objet de ce genre qui ait encore été découvert à Chypre.

II. *Salamis*. — De 1880 à 1883, M. Richter a pratiqué plusieurs fouilles partielles à Salamis pour le compte du Musée Britannique et levé un plan de l'ancienne ville qu'il compte publier prochainement[1]. Les ruines de Salamis sont peut-être les plus importantes de toute l'île. D'une des portes situées à l'ouest de l'enceinte, une avenue longue de 360 mètres et bordée de grands édifices conduit au château d'eau d'Hagia Katharina. Parmi les débris, on remarque de nombreuses colonnes, des fragments d'architecture, des quantités de marbres divers qui doivent avoir été amenés là à grands frais, car il n'existe pas de marbre dans l'île. Tout auprès de ce champ de ruines, autour de Hagia Katharina, se voit un bois de très vieux arbres dont nous avons parlé dans une précédente chronique (*Revue*, 1885, II, p. 108). Les habitants attachent une idée superstitieuse à la conservation des arbres de ce bois, et cette idée, qui est certainement une survivance, semble témoigner de l'existence en cet endroit d'un ancien sanctuaire très vénéré dont le bois actuel serait l'ἄλσος.

On sait que Salamis, sous le règne de Trajan, fut détruite par un tremblement de terre. Reconstruite aussitôt, elle fut détruite de nouveau sous Constantin, et une partie de la ville s'abîma dans la mer. Constantin réédifia au même endroit une ville nouvelle qu'il appela Constantia et qui se trouve à l'intérieur de l'enceinte ancienne, appuyée sur la partie de celle-ci qui fait face à la mer[2]. L'Acropole, située en dehors de Constantia, est une colline voisine de la mer, qui présente une triple rangée de murs et qui domine les vestiges des ports aujourd'hui ensablés. M. Richter, d'abord envoyé à Salamis en sa qualité de forestier, a fait creuser des puits autour de l'Acropole afin de trouver de l'eau pour les nouvelles plantations. En deux endroits, à 70 et à 50 mètres de l'Acropole, il a rencontré des antiquités à la profondeur de 3 mètres. Ce sont d'abord deux grossières statues en calcaire, d'époque grecque : la plus grande, haute de $0^m,61$, représente la déesse sur son trône, tenant un fruit (?) ; l'autre, haute de $0^m,41$, est une statue virile de prêtre, étendant la main gauche et tenant la main droite contre sa poitrine. Deux tranchées pratiquées dans le voisinage donnèrent des chapiteaux corinthiens de marbre blanc. A 600 mètres environ de l'Acropole, on trouva un pavement de marbre, d'anciens puits, un moulin à blé et les ruines d'une maison. La ville s'étend, le long de la mer, sur une longueur d'environ 1,410 mètres; on y voit encore des restes de quais, mais la partie de Salamis qui est voisine du rivage est enterrée sous les sables. Ces dunes ont été plantées d'arbres, malgré les protestations de M. Richter, qui demandait à y faire préalablement des fouilles. Depuis, le Musée Britannique a commencé des démarches auprès du gouvernement de l'île pour obtenir que

1. M. Richter nous avertit que les descriptions de Salamis publiées jusqu'à présent (H. Lang, *Cyprus*, 1878, p. 24 et suiv. ; Cesnola-Stern, p. 167 et suiv.). contiennent de nombreuses inexactitudes qu'il se propose de rectifier.
2. Cf. Pococke, *A description of the East*, 1795, II, p. 213, pl. XXXII.

l'on arrachât les arbres afin de ne les replanter qu'après une exploration archéologique dont cette région paraît avoir grand besoin.

Les constructions restées debout sont peu nombreuses. A l'ouest de Constantia aboutit un aqueduc, construit par Justinien, dont plusieurs arches subsistent encore. A 100 mètres environ de l'angle S.-O. de Constantia, on voit une ruine considérable avec de grandes arcades qui paraît être une vaste basilique; le ciment et l'appareil sont identiques à ceux des murs de Constantia. Au sud des murs et près de la basilique, il existe des ruines d'une autre grande construction avec des colonnes de 0^m,92 de diamètre.

En 1882, M. Richter a déblayé à Salamis des thermes attenant à un gymnase. Il y découvrit une exèdre pavée d'une mosaïque dont j'ai la photographie sous les yeux. Elle représente Orphée entouré d'animaux; dans les médaillons, on voit un singe en face d'un canard et une tête de chèvre. Le travail me paraît assez fin, mais la conservation en est très défectueuse.

C'est là aussi qu'aurait été exhumé, au dire des ouvriers de M. Richter, un relief en bronze représentant Athéné, qui a été publié à Leipzig dans l'Ἑσπερός (1884, n° 73); M. P. Lambros, d'Athènes, a démontré que c'était un objet moderne.

M. Richter a publié, dans les *Mittheilungen* de l'Institut allemand d'Athènes, deux articles étendus sur ses fouilles à Salamis (1881, 191 et suiv; 244 et suiv.; 1883, p. 133 et suiv.) et donné, dans le *Journal of Hellenic Studies* (1883, pl. XXXIII et XXXIV) un relevé du château d'eau d'Hagia Katharina, analogue à la *Panagia Phaneromeni* près de Curium. Cette construction est située à 550 mètres à l'ouest de la muraille d'enceinte intérieure de Salamis. Elle tient à la fois du trésor et du château d'eau et renferme deux salles, l'une construite au-dessus de la source et l'autre placée en arrière. Ce n'est pas un véritable souterrain, puisque l'extrados de la voûte dépasse encore le sol environnant de 3^m,50. A la fin du mois de décembre 1880, on a trouvé près de cette construction un fragment d'inscription grecque de l'époque alexandrine, où l'on distingue les lettres TAMEI////, que M. Richter voudrait compléter en TAMEION, *réservoir*. Les pierres employés à la construction sont énormes : un des blocs a 4^m,90 sur 1^m,95 et 1^m,10, une autre mesure 5^m,20 sur 2^m,38 et 0^m,65. Les blocs des murs verticaux sont carrés et réguliers, ceux de la voûte assez irréguliers ; là où l'ajustement des pierres n'était pas exact, on a rempli les vides à l'aide de petits moellons. La salle principale est rectangulaire et mesure 10^m,96 sur 5^m,61 à l'intérieur. Les murs, hauts de 2^m,20, sont surmontés d'une coupole haute de 2^m,58 et large de 5^m,60. A l'angle est du monument à l'extérieur, il y a des traces d'un escalier en blocs gigantesques. Le toit est formé d'un seul immense monolithe.

A 55 mètres au sud de ce trésor, s'en trouve un autre enfoui sous le sol et qui reste encore à fouiller. Le monolithe qui le couvre a 4^m,50 sur 3 mètres et 1^m,45.

A 520 mètres plus loin, au S.-S.-E., M. Richter a ouvert en 1881 une chambre sépulcrale qui avait déjà été violée à une époque antérieure. On y entre par une porte située à l'ouest, couverte d'un linteau long de 1^m,60. La forme générale est celle d'un trapèze. La chambre a 2m,80 sur 1m, 60. L'intérêt de cette construction réside dans un haut-relief placé au-dessus de la porte. C'est une figure virile monstrueuse qui se compose presque uniquement d'une tête gigantesque et des membres supérieurs. Le visage, d'une laideur repoussante, témoigne cependant d'un travail soigné. Les environs de ce tombeau paraissent contenir des monuments analogues.

Au sud du tumulus d'Hagia-Katharina (Cesnola-Stern, p. 171), on découvrit, à la fin de décembre 1880, soixante-dix-sept fragments de statuettes en terre cuite et en pierre de diverses époques, depuis l'âge le plus archaïque jusqu'aux siècles gréco-romains. La plupart des fragments archaïques représentent la déesse nourricière (cf. pour le type Cesnola-Stern, pl. XII), une représentation qui n'est nullement spéciale à Chypre, mais qui se trouve aussi à Mycènes et dans un grand nombre d'îles de l'Archipel. Dans quelques figurines d'un style moins rude, les seins sont indiqués avec exagération et l'on voit entre eux un pastillage figurant une chaîne ou un ornement circulaire. Quelquefois la main droite est repliée sur la poitrine et tient une fleur ou un fruit ; ailleurs elle tient un tympanon. Les torses de femmes nues appartiennent à l'époque romaine ou gréco-romaine.

M. Richter a décrit (*Mittheilungen*, VI, p. 251-252) trois objets découverts par lui dans le voisinage du couvent d'Hagios Barnabas à dix minutes à l'ouest d'Hagia Katharina (Cesnola-Stern, p. 171). Ce sont : une lampe avec inscription chypriote, un oiseau en terre-cuite avec inscription, et une figure virile grotesque πόσθων. Détail singulier, ces trois objets furent trouvés dans un même tombeau gréco-romain. M. Richter en conclut qu'ils avaient été conservés dans quelque famille à la manière de reliques auxquelles on attachait un sens religieux. La preuve qu'on les a gardés comme des curiosités, c'est que l'oiseau se compose de morceaux qui ont été recollés anciennement. Ainsi s'expliquerait, comme nous l'avons supposé ailleurs [1], la présence d'objets très archaïques dans des nécropoles relativement récentes, par exemple du grand vase publié par M. Rayet (*Bulletin de Correspondance Hellénique*, 1884, pl. VII) dans la nécropole gréco-romaine de Myrina. En février 1882, M. G. Hake a trouvé à Salamis près du même endroit une figurine grossière assise sur un cheval, de style gréco-phénicien (cf. Cesnola-Stern, pl. XXXVII, 6).

Le contraste entre Citium et Salamis, que nous avons indiqué plus haut d'après M. Richter, s'accentue lorsque l'on considère le mobilier funéraire de Salamis. A Citium, il n'y a guère que des tombes isolées ; à Salamis, on trouve des rangées de sarcophages, principalement en terre cuite, peints en rouge, quelquefois avec des ornements. Les sarcophages en pierre sont rares, alors qu'ils sont fréquents à Citium. Au point de vue du style général des trouvailles, ce qui frappe d'abord à Salamis, c'est l'absence presque complète d'éléments égyptiens. La plupart des vases ne sont pas peints ; quand la couleur existe, c'est le noir ou le rouge brun. Les ornements floraux, en particulier le lierre, dominent : le règne animal n'est représenté, dans les trouvailles de M. Richter,

1. *Manuel de Philologie*, II, p. 136, note 2.

que par un vase décoré de trois poissons. Les lampes historiées sont nombreuses. Tous les caractères de la poterie de Citium, formes bizarres, ornements géométriques, oiseaux d'eau, *svastikas*, manquent à Salamis. La faïence bleue n'est représentée que par un objet qui n'est pas égyptisant de forme ; par contre, on trouve fréquemment des perles de verre et de faïence colorées. Les objets d'or et d'argent sont de style grec ou gréco-romain. Une bague en or porte **ΕΠΑ-ΓΑΘΩΙ** en pointillé. Sur une pierre gravée, on voit Hermès psychopompe conduisant un homme barbu, deux fois plus petit que lui, qui fait mine de lui résister, dans le gouffre de l'Hadès indiqué par un creux horizontal de l'intaille. Dans les tombeaux de femmes, il y a des quantités de miroirs et d'aiguilles à cheveux. M. Richter nous signale encore une serrure avec sa clef, recueillie en même temps que des fragments de bois provenant d'un coffret.

Parmi les petits objets en terre cuite, nous mentionnerons les suivants : 1° une lampe avec Apollon qui menace du fouet Marsyas jouant de la flûte devant lui ; 2° un groupe haut de 0m,16, représentant Aphrodite sur une oie, le bas du corps recouvert d'une draperie. Il existait une légende d'après laquelle Aphrodite avait abordé sur la côte est de Chypre et s'était rendue à Palæopaphos en traversant l'île, montée sur une oie. M. Alexandre de Cesnola a trouvé des répliques du même motif ; 3° une Athéné d'excellent style, haute de 0m,21, le bras gauche appuyé sur un bouclier ovale avec des traces de coloration (détail rare à Chypre). Cette intéressante figurine a été mal gravée dans le *Journal of Hellenic Studies* (p. XVI), dans les *Mittheilungen* (VI, pl. 250) et dans l'*History of greek sculpture* de M. Murray (II, pl. 17) ; le croquis ci-joint en donnera une idée.

Il est remarquable que Salamis n'ait pas encore fourni d'inscriptions phéniciennes, et par contre qu'on y ait recueilli beaucoup plus d'inscriptions chypriotes qu'à Citium. De même, la période grecque et gréco-romaine est mieux représentée à Salamis qu'à Citium. La raison de ces deux faits connexes a été donnée par M. Richter : nous l'avons indiquée plus haut d'après son travail inédit intitulé *Salamis et Kition*.

Une inscription grecque découverte en 1882, à Salamis, est relative à Ptolémée Evergète :

ΣΑΡΑΠΙΔι
ΒΑΣΙΛΕΙΠΤΟΛεμαίῳ
καὶ βασΙΛΙΣΣΗΙ ΒΕρενείκῃ
ΘΕΟΙΣΕΥΕΡΓΕΤαις
ΦΙΛΙΝΟΣΦΙΛΟΤίμου
ΑΘΗΝΑΙΟς

M. Richter me signale un second fragment découvert au même endroit, où les mots ΓΡΑΜΜΑΤΕΥΣ ΙΕΡΑΠΥΤΝΙΟΣ (d'Hiérapytna en Crète) sont seuls visibles.

III. *Soli.* — Pendant l'été de 1883, M. Richter a dirigé plusieurs fouilles dans les environs de Soli, tant pour le musée de Chypre qu'au nom de quelques particuliers, sir R. Biddulph, MM. Warren, Brown, Stevenson, Gordon, Fahlwas et Tyler.

Les travaux commencèrent au nord de Katidata, à l'est du couvent de Skurgotissa, voisin des anciennes mines de cuivre de Soloi. On découvrit un tombeau colossal renfermant de nombreuses niches et long de 35 pieds ; il contenait des centaines de verreries parfaitement intactes. Parmi les autres trouvailles M. Richter nous signale : une bague en or, beaucoup d'anneaux en bronze doré décorés aux extrémités de têtes de lions, une serrure intacte, un masque en terre cuite, une lampe avec une tête de Méduse, des bâtonnets de verre pointus à une extrémité et pourvus à l'autre d'une sorte de palette en forme de pointe de flèche, des boucles d'oreilles en or. Ce grand tombeau appartient certainement à l'époque gréco-romaine.

Un autre emplacement au S.-E. de Katidata, près de Linou, a donné des tombes appartenant à diverses époques, depuis l'époque archaïque jusqu'à l'époque romaine. Dans les parties les plus anciennes de la nécropole, on a trouvé des vases avec ornements en relief (le croissant, le disque du soleil, des groupes de serpents, le cerf, le mouflon). Des motifs analogues apparaissent sur de grossiers cylindres en terre rouge découverts à Hagia Paraskévi près de Nicosie et que M. Sayce croit hittites. Avec ces vases à reliefs, on découvrit des quantités d'armes, en bronze fortement mêlé d'étain ou en cuivre pur, surtout des poignards ou des pointes de lances, ainsi que de nombreux pesons en terre cuite avec ornements gravés. Il faut remarquer que dans les tombes chypriotes où se manifeste l'influence phénicienne on ne trouve plus ni vases à reliefs, ni cylindres, ni armes. Par contre, les tombes archaïques ne présentent aucune trace de fer.

Le deuxième groupe des tombeaux de Katidata-Linou offre les types de l'époque assyro-babylonienne, tels qu'on les observe à Agia Paraskévi et à Zarnkas au S.-E. de Marion, entre Larnaca et Limassol. A côté des pesons de terre cuite on y rencontre des pesons de pierre. Là paraissent pour la première fois des vases en terre cuite avec ornements peints et des vases en forme d'animaux divers, oiseaux, cerfs, bœufs, etc.

Le troisième groupe de sépultures est plutôt grec que phénicien. On y a trouvé des vases du style de Mycènes recouverts d'un vernis brillant que M. Furtwængler considère comme importés. Ces poteries se sont rencontrées jusqu'à présent à Agia Paraskévi, à Phœnidschaes, à Zarnkas et à Katidata. Elles sont toujours isolées et peu nombreuses. Katidata-Linou n'en a fourni qu'une seule, dans un tombeau qui contenait également une idole de Mylitta. En général, comme on le sait, les engobes brillants sont restés inconnus à la céramique chypriote, et les quelques exceptions que l'on a pu signaler s'expliquent par une imitation de types importés qu'ont essayée les fabriques locales.

Les tombes de l'époque phénicienne ont donné des vases à cercles concentriques peints sans point central. Enfin, les sépultures gréco-romaines contenaient beaucoup de verreries, des lampes, des bagues de verre et des coupes plates de couleur rouge, dont le bord vertical est orné de masques en relief, d'amours jouant de la double flûte ou dansant, de lièvres, de dauphins et de rosaces. On n'a pas rencontré de vases peints.

Quelques recherches ont été faites dans un ancien sanctuaire à Katidata-Skurgotissa. On y a trouvé des statuettes gréco-phéniciennes grossières, un grand nombre de joueurs de flûte et de danseurs, les fragments d'une coupe d'argent avec des fleurs incisées et les restes d'une coupe en bronze de style grec où est figurée une bataille d'Amazones.

IV. *Curium-Episcopi.* — En 1883, M. Richter a pratiqué des fouilles à Curium aux frais de plusieurs particuliers. Les recherches ont porté sur quatre nécropoles à l'est de l'ancienne ville.

La première, tout auprès des ruines de Curium, avait déjà été fouillée en grande partie par les ouvriers de M. de Cesnola. Les tombes y sont très profondes. On n'y trouve que des objets grecs, et pas un seul vase à cercles concentriques. M. Richter y a découvert une coupe d'argent à deux anses, et deux bagues d'argent dont l'une avec son chaton, qui porte une intaille représentant Athéné Parthénos. Elle a été publiée dans l'*Archaeologische Zeitung* par M. Conze (1884, p. 166); c'est une des nombreuses répliques de l'Athéné de Phidias.

La seconde nécropole est un peu à l'est de la précédente. Elle se compose de tombes gréco-phéniciennes peu profondes et contient des vases à décors géométriques et à cercles concentriques. On y a encore recueilli de petits trépieds pareils à celui qui est publié dans Cesnola-Stern, pl. XCII.

Le troisième groupe de sépultures est plus à l'est et près de la mer. Il ne contient que des vases gréco-phéniciens.

La quatrième nécropole a été découverte en 1882 par les ouvriers de M. G. Hake, qui fouillait pour le musée de Kensington. L'emplacement est voisin du village d'Episcopi. Une partie de cette nécropole, à l'extrémité orientale, est occupée par un grand nombre de tombes de l'époque macédonienne et gréco-romaine; à l'ouest et au centre, les sépultures sont gréco-phéniciennes; elles sont généralement gréco-romaines au nord. On ne trouve pas de tombeaux que l'on puisse rapporter avec certitude à l'époque grecque.

Cette nécropole a fourni quelques objets fort intéressants, qui ont passé entre les mains des particuliers commanditaires des fouilles. Ce sont, notamment, deux vases à inscriptions phéniciennes; une plaque d'or archaïque sur laquelle est gravé en repoussé un prêtre devant un char (?) portant le simulacre d'une déesse les mains sur les seins; deux épées en fer, semblables pour la forme à celles de Mycènes; des boucles d'oreilles en argent doré; une plaque d'argent avec le buste d'une déesse. Dans les tombes d'époque postérieure, M. Richter a recueilli beaucoup de verreries et notamment d'intéressantes peintures, en partie fort bien conservées, sur des plaques de verre convexes ayant pu servir de couvercles. Nous regrettons de n'avoir reçu ni photographies ni dessins de ces curieux objets.

V. *Voni-Chytri.* — Le 21 mai 1883, le musée de Chypre fit commencer des fouilles à Voni sous la direction du capitaine Sinclair et de M. Richter. Un rapport étendu sur ces fouilles, avec le catalogue des objets trouvés, a été déposé par M. Richter au musée, et il en a publié un extrait dans les *Mittheilungen* d'Athènes (1884, p. 127 et suiv., pl. IV et V). Comme le contrat passé avec les propriétaires du terrain obligeait M. Richter à combler les tranchées, il a dressé un plan à grande échelle de la fouille, qui a du reste été insuffisante, faute de temps et de ressources matérielles.

Les deux planches gravées au trait et les quelques vignettes publiées dans le *Mittheilungen*, d'après les photographies de M. Richter, sont malheureusement si défectueuses que les sculptures trouvées à Voni peuvent être encore considérées comme inédites. En dehors des statues en pierre, on n'y a découvert qu'une seule terre cuite et une figurine de bronze représentant un cerf. Les statues, qui étaient destinées à être placées contre des murs, ne sont pas modelées sur le revers ; elles offrent des spécimens de tous les styles qui se sont succédé dans l'île et quelques-unes portaient des couleurs très vives. Les têtes étaient généralement brisées. Les plus remarquables sont un joueur de double flûte, avec la φορβεία, bandeau passé sur la bouche et fixé aux oreilles, qui sert à maintenir l'instrument ; un homme couronné dont le bras gauche, appuyé sur un cippe, supporte un aigle, sans doute un mélange du type de Zeus et du type d'Apollon; un personnage debout, dont la tête manque, qui tient sur la main gauche une Victoire identique à celle de l'Athéné de Phidias. Deux inscriptions Κάρυς 'Ονυσαγόρου 'Απόλλωνι εὐχήν et ...σίδωρος Κάρυος 'Απόλλωνι εὐχήν, prouvent que le temple déblayé par M. Richter était consacré à Apollon. On y a aussi découvert un torse de statue portant une inscription chypriote en quatre lignes.

A l'est et tout près de Voni se trouvent des tombes romaines de basse époque, qui n'ont donné que peu de chose. Les fouilles ont été plus heureuses au nord de Voni, à l'est du village de Kythrea, sur l'emplacement de l'ancienne Chytroi. M. Richter y a trouvé un gisement de statues appartenant à des sanctuaires d'Aphrodite et deux inscriptions chypriotes, contenant des donations à Aphrodite Paphia, qui ont été publiées par M. Pieridès dans la revue locale *The Cyprus Museum* (n[os] I et II). Toutes les statues trouvées à Kythrea ont été classées dans le musée sous le nom de *Chytroi-collection* ; elles seront décrites en tête du catalogue actuellement en préparation. Le morceau le plus important de cette provenance est une figure de femme nue en argile avec coiffure égyptienne, *pelvis* triangulaire et nombril très accentué, qui porte, détail nouveau, un grand anneau passé dans le nez.

VI. *Achna.* — Au mois de septembre 1883, M. Richter fouillait à Salamis pour le compte du Musée Britannique lorsqu'il fut prévenu qu'on venait de trouver à Achna, en creusant des trous pour enterrer les sauterelles, un dépôt considérable de statues. M. Richter se transporta immédiatement sur les lieux et y fit exécuter des travaux du 12 septembre au 25 octobre. Le rapport qu'il rédigea à ce sujet, que sa longueur empêcha d'insérer aux *Mittheilungen*, sera prochainement publié à part; des extraits en ont déjà été donnés dans le *Graphic* de

Londres (19 janvier 1884). Achna a fourni *plusieurs centaines* de statuettes toutes antérieures au IIIe siècle av. J.-C., qui présentent une image frappante du développement de l'art chypriote sous l'influence des modèles orientaux. Les fouilles paraissent avoir porté sur l'enceinte d'un temple d'Artémis, mais il est difficile de savoir si l'on a découvert le temple lui-même, car on n'atteignit des murs de fondation qu'à un moment où le manque de fonds empêchait de continuer les travaux.

A Achna comme à Voni, on n'a pas découvert un seul fragment de poterie à cercles concentriques et à point central.

VII. *Mari.* — On croyait autrefois que Marion se trouvait au village actuel de Mari, à mi-chemin entre Larnaca et Limasol, là où l'indique encore la carte de M. Kiepert publiée dans l'ouvrage de Cesnola-Stern. M. Schrœder a le premier reconnu que Marion était située à l'extrémité ouest de l'île près du cap Akamas, opinion qui a été admise par M. Perrot (*Histoire de l'art*, t. III, p. 482). M. Richter a pu s'assurer, en 1881, que les ruines à l'est du village de Mari ne sont pas antiques. Par contre, il a découvert au nord du village quelques tombeaux contenant des vases à cercles concentriques sans point central, une petite œnochoé verte ornée de deux oiseaux d'eau peints en noir et deux aryballes en poterie noire lustrée qui sont aujourd'hui au Musée Britannique.

VIII. *Nicosie.* — A la fin de 1884, M. Richter ouvrit onze tombeaux dans la nécropole d'Hagia Paraskévi près de Nicosie, d'où proviennent la plupart des vases chypriotes conservés au musée de Constantinople. Outre de nombreux vases, il y a découvert un cylindre assyro-babylonien d'un travail très fin ajusté dans une lourde monture en or. Cette monture prouve que les objets publiés dans *Ilios* par M. Schliemann comme des boucles d'oreilles (fig. 705, 706, 707, 708), sont en réalité des montures de cylindres. Le même tombeau contenait une boucle d'oreille archaïque en électron. Le fer et le verre font défaut, mais il y a quantité d'armes de bronze, de pesons, de perles en terre cuite et en os ayant fait partie de colliers. Les vases appartiennent à un type très archaïque : il y a notamment des vases à reliefs, dont l'un présente l'image de deux grands cerfs et d'autres des serpents, ainsi que des vases à ornements incisés.

M. Richter a repris les fouilles dans la nécropole d'Hagia Paraskévi aux mois d'août et de septembre 1885. Du 2 au 13 août, 30 tombeaux ont été ouverts. Ils contenaient des centaines de vases ou de fragments de poterie, dont quatre seulement sont peints ; tous les autres sont dépourvus de décoration ou bien portent des ornements incisés et en relief. Les vases à reliefs, qui forment un groupe très intéressant, ne trahissent pas encore l'influence phénicienne et paraissent appartenir à une antiquité très reculée. Deux vases, que reproduit notre dessin, rappellent la « coupe aux colombes » de Nestor dans l'*Iliade* (XI, 622 sq.). Ils sont en argile rouge très grossière, faits à la main et sans l'aide du tour. Le pied du second est brisé, ainsi qu'une des colombes du premier (restaurée dans le dessin). La hauteur du vase complet est de 0m,238. La même

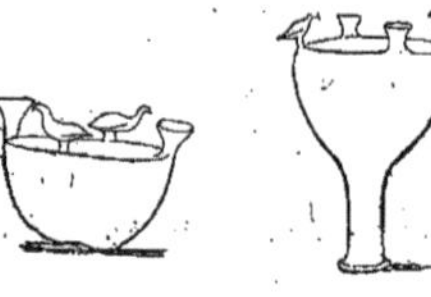

nécropole a donné plusieurs autres vases du même type, mais sans les colombes; les plus nombreux, toutefois, sont de simples coupes sans pieds. M. Richter croit que cette découverte peut servir d'appui à l'opinion de M. Schliemann [1], suivant lequel les deux πυθμένες de la coupe de Nestor étaient le fond du récipient et le pied, tandis que M. Helbig [2] pense (avec toute raison, selon nous) que ces mots désignent deux soutiens placés de chaque côté du vase entre le col et le pied.

A *Hagios Janis tis Malluntas*, dans le district de Nicosie, M. Richter croit avoir retrouvé la nécropole de la ville de Tamassos, mais il n'y a fouillé que pendant fort peu de temps. Le verre fait absolument défaut ; on a recueilli des bijoux en or, des diadèmes, des boucles d'oreilles. Les diadèmes sont de minces feuilles d'or ornées de palmettes en repoussé. La plupart des vases sont dépourvus de peinture ; quelques-uns portent des cercles concentriques sans point central. Les recherches devraient être continuées à cet endroit.

IX. *Idalium-Dali.* — Au mois de novembre 1884, M. Richter, de passage à Paris, me signalait la nécropole de Dali comme étant, dans son opinion, une des localités de l'île qui méritaient le plus d'être explorées. La direction des fouilles de Dali fut proposée par M. Richter à l'École française d'Athènes, qui n'avait malheureusement pas, à ce moment, de missionnaire disponible ; c'est M. Richter lui-même qui a conduit les travaux, pendant les premiers mois de 1885, aux frais de M. Watkins de Larnaca, auquel appartiennent les deux tiers des découvertes.

Nous avons reçu de M. Richter un mémoire très volumineux sur ces fouilles, accompagné d'un catalogue des trouvailles qui, bien qu'incomplet, comprend près de 600 numéros. Nous ne pouvons donner ici qu'une idée très succincte des résultats obtenus, que M. Richter se réserve de porter plus tard avec détail à la connaissance du public.

Le temple de Dali comprend trois parties : 1° le sanctuaire proprement dit ; 2° le vestibule du temple, où étaient placés des ex-voto dont on a retrouvé les bases ; 3° l'enceinte réservée aux sacrifices, avec l'autel. Une partie de cet emplacement avait été fouillé dès 1883 par les paysans de Dali.

Les offrandes étaient si nombreuses à Idalium qu'après quelques générations il fallait débarrasser le temple des ex-voto qui l'encombraient. On les brisait et on les employait à l'état de moellons comme bases des ex-voto plus récents. Dans les murs même du sanctuaire, M. Richter a trouvé des fragments de statues en pierre encastrés à côté de blocs informes. Dans le vestibule, il a découvert plusieurs fragments de statues percés de trous et transformés en socles. Il en a été de même à Voni.

Les murs du sanctuaire de Dali sont construits sans ciment : on a simplement comblé les interstices laissés par les pierres à l'aide de la terre argileuse des environs préalablement mouillée. Comme à Golgoï (Perrot, *Histoire de l'art*, III, p. 275 et 373), les bases des colonnes étaient seules en pierre et les piliers,

1. *Mycènes*, fig. 346, p. 273, 275 de l'éd. allemande.
2. Helbig, *Das homerische Epos*, p. 272 et suiv.

dont on n'a pas retrouvé trace, étaient en bois. Les ex-voto étaient exclusivement placés dans la cour du temple; dans le sanctuaire lui-même, il n'y avait pas une seule statue. On a trouvé en place l'autel, avec des masses de cendres et de charbon de bois. Les statuettes découvertes tout auprès sont en petit nombre et portent des traces manifestes de l'action du feu.

Le sanctuaire de Dali a dû être détruit plusieurs siècles avant notre ère, car on n'y a rencontré ni une lampe romaine ni une monnaie romaine, objets qui sont fréquents à Voni. Les lampes que l'on a recueillies ont la forme de coquilles ; c'est là un fait très intéressant qui prouve, comme on le supposait déjà, que les lampes analogues découvertes en grand nombre à Carthage appartiennent bien à l'époque punique [1].

A quelques exceptions près, toutes les statues trouvées à Dali, dont le sanctuaire était consacré à Aphrodite, sont des statues féminines. Il en est de même à Achna, tandis qu'à Voni, où régnait Apollon, toutes les statues sans exception sont viriles.

Les ossements mêlés aux cendres se sont rencontrés en assez grand nombre. M. Richter n'a pas reconnu d'ossements humains, mais surtout des os de moutons et, détail à noter, le crâne d'un lièvre [2].

Tandis que les sanctuaires d'Achna et de Voni, qui appartiennent plutôt à l'époque hellénique, n'ont pas donné un seul fragment de poterie à cercles concentriques et à point central, les vases de cette espèce se sont rencontrés en foule à Dali, dont le sanctuaire est surtout gréco-phénicien.

Les terres cuites sont au nombre de plusieurs centaines. Les plus communes sont d'un style fort grossier et modelées à la main. Voici, d'après M. Richter, les types qu'il a le plus fréquemment observés :

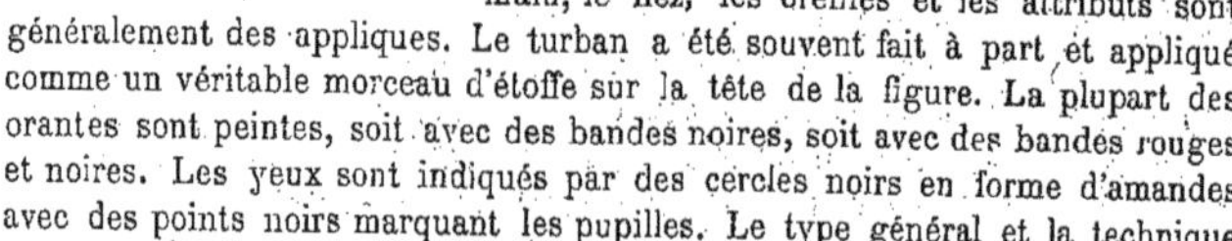

1° Des personnages en prière, tous féminins, à l'exception d'un seul et d'un petit nombre d'enfants. Ces orantes ont les bras levés; la tête est enveloppée d'une espèce de turban très bas, plus rarement d'une mitre. Les physionomies sont caractérisées par la grosseur démesurée du nez, parfois relevé à l'extrémité; c'est là, avec la grandeur excessive de la tête par rapport au corps, un trait distinctif des statuettes chypriotes de style phénicien. Le menton est toujours fortement marqué. Les figurines sont faites à la main, le nez, les oreilles et les attributs sont généralement des appliques. Le turban a été souvent fait à part et appliqué comme un véritable morceau d'étoffe sur la tête de la figure. La plupart des orantes sont peintes, soit avec des bandes noires, soit avec des bandes rouges et noires. Les yeux sont indiqués par des cercles noirs en forme d'amandes avec des points noirs marquant les pupilles. Le type général et la technique

1. Cf. Delattre, *Lampes chrétiennes de Carthage*, p. II.
2. Cf. Longpérier, *Musée Napoléon III*, pl. LIX.

rappellent les figures 376, 394, 395, 396, 403 publiées dans le troisième volume de MM. Perrot et Chipiez.

2° Des musiciennes, surtout des joueuses de tambourin, de harpe et de lyre. Les joueuses de flûte, que l'on trouve fréquemment ailleurs, et exclusivement à Katidata, font presque absolument défaut à Dali. Remarquons que le type des joueuses de lyre se retrouve sous un aspect presque identique dans la série de terres cuites carthaginoises conservées au musée de Saint-Louis.

3° Des prêtresses, des sacrificatrices, des *dedicantes*, quelques-unes dans l'attitude de la bénédiction.

4° Des images de la mère nourricière. Très rares à Dali, ces images sont très fréquentes à Citium et à Chytroi. Quand la déesse est représentée debout, elle est le plus souvent en argile; quand elle est assise, elle est de pierre. On ne rencontre pas à Dali le type, fréquent à Citium, de la déesse nourricière debout avec une coiffure égyptienne (Perrot, t. III, p. 201, fig. 143.)

5° Des images de la déesse portant l'une et l'autre main à ses seins.

Il n'y a pas de traces des figurines de guerriers et de cavaliers, si fréquentes dans le temple exploré à Dali même par M. Lang, dans celui que M. de Cesnola a fouillé à Athiénau, ainsi qu'à Kosci et à Chytroi. Ces figurines font également défaut à Achna.

Avant de passer à la description des statuettes d'un style plus soigné, il faut signaler une classe d'objets à part, les colombiers. (Cf. Perrot, t. III, fig. 208.) On a trouvé à Dali un très curieux monument de ce genre; M. Pieridès à Larnaca en possède un autre, où l'on voit la déesse assise devant la grande porte tandis que des colombes en relief sont placées autour des trous latéraux. Un second fragment découvert à Dali est exactement conforme à celui qui a été publié par M. Perrot.

Les arbres sacrés, les fleurs et les fruits en terre cuite sont assez nombreux. Un des fruits paraît être un coing.

La seconde classe de figurines comprend celles qui ont été faites, en partie du moins, à l'aide du moule. Les bras, les mains et les attributs sont modelés à la main et ajustés[1]. Les types sont analogues à ceux de la première série. Certaines figures sont plutôt phéniciennes de style, d'autres plutôt grecques; on trouve des motifs identiques exécutés fort différemment. Quelques statuettes sont comme la première ébauche du type de la *Spes* romaine; elles tiennent un fruit ou une fleur de la main droite étendue et soulèvent un pan de leur draperie de la main gauche.

Parmi les figurines de bon style faites au moule nous signalerons les motifs suivants :

1° La déesse portant les mains aux deux seins. Remarquons que la déesse ne paraît nue qu'à une époque postérieure : les plus anciennes idoles en galette la montrent habillée. A Achna, où l'élément phénicien n'eut jamais le dessus, les idoles d'Artémis sont toujours vêtues. A Dali, il y a quelques figures nues de style phénicien. L'une d'elles, semblable aux Astartés du sarcophage d'Amathonte (Perrot, t. III, fig. 417), porte un anneau passé dans le nez.

2° La déesse nue dans l'attitude de la Vénus pudique.

3° Les figures dont la partie inférieure seule est drapée.

4° Une série très remarquable est celle des statuettes avec un grand anneau dans le nez. On n'en avait encore signalé de semblables ni à Chypre, ni dans tout le monde antique, mais M. le prof. Christ a fait savoir récemment à M. Richter que l'*Antiquarium* de Munich possédait un aryballe en forme de tête avec des boucles d'oreilles et un anneau dans le nez. Cet ornement ne se trouve que dans les figures de style indigène ou cypro-phénicien. Le premier spécimen a été découvert en 1883 à Chytroi; c'est une figure nue, d'un type grossier et laid, où la *pelvis* et la *rima* sont indiqués avec précision. Dali en a fourni un assez grand nombre.

5° Les figures avec des ornements au-dessus des oreilles, qui sont ainsi dissimulées. (Cf. Perrot, III, p. 562.) Des officiers anglais venus de l'Inde à Chypre affirment que les femmes indiennes portent encore des ornements du même genre, que l'on rencontre également chez les fellahines d'Égypte.

6° Les figures avec des chaussures *à poulaine*, recourbées à l'extrémité. Cette mode, que M. Sayce croit hittite, paraît avoir dominé quelque temps à Chypre. Sur un vase remarquable trouvé à Athiénau en 1885, dont nous donnons ici un dessin d'après une photographie de M. Richter, on voit un homme chaussé de la sorte s'approchant, comme pour la sentir, d'une fleur de l'arbre

1. A Chytroi, en 1883, M. Richter a trouvé un moule pour la tête et le cou d'une figurine en terre cuite.

sacré. Dans le champ du vase sont figurés plusieurs *svastikas*[1]. M. Richter nous dit que la chaussure *à poulaine*, fréquente dans les terres cuites, est rare dans les statues en calcaire.

Le vase si curieux que nous venons de reproduire appartient à une variété de la céramique chypriote déjà connue par d'assez nombreux spécimens[2]; mais la représentation qu'il porte se trouve ici pour la première fois et présente un vif intérêt si on la rapproche de quelques images analogues. Dans l'art assyro-babylonien, rien n'est plus fréquent que de voir un personnage agenouillé ou debout devant un arbre sacré[3]; les céramistes de Chypre, en imitant ce motif, l'ont interprété à leur manière, et l'attitude de l'adoration est devenue sous leur pinceau l'acte plus simple de sentir une fleur en la rapprochant de ses narines. C'est ce que l'on constate aussi sur le célèbre vase d'Ormidia (Perrot, III, fig. 523), sur la patère d'Amathonte (*ibid.*, fig. 547), sur celle d'Idalie (fig. 482), sur celle de Curium (*ibid.*, 552), où deux sphinx disposés symétriquement de part et d'autre de l'arbre sacré sentent chacun une fleur qui s'en détache. Peut-être l'imitation de ces imitations mêmes a-t-elle donné naissance, par un *processus* tout réaliste, aux figures d'animaux broutant que nous trouvons sur les cistes italiques[4] dont les rapports avec les patères phéniciennes sont incon-

1. Ce vase, qui a 0m,296 de haut, doit être publié en couleurs dans les *Monumenti dell' Instituto*, d'après une aquarelle de M. Richter.
2. Perrot et Chipiez, *Histoire de l'Art*, III, fig. 496, 509, 511, 518. Cf. une tablette d'ivoire de Phénicie reproduite à la p. 847, fig. 611.
3. Perrot et Chipiez, *Histoire de l'Art*, II, fig. 8, 21, 80, 235, 343, 443, etc.
4. Cf. Sacken, *das Grabfeld von Hallstatt*, pl. XXI; *Revue archéologique*, 1883,

testables, et qui paraissent déjà dans la céramique chypriote[1]. Sur la situle de Watsch, que nous avons reproduite autrefois dans la *Revue* (1883, II, pl. XXIII), on voit des hommes assis qui approchent des fleurs de leurs narines. Ce motif est très fréquent sur les vases grecs à figures noires; on le trouve également dans le monument des Harpyes. N'y aurait-il pas quelque analogie entre ces représentations et les hommes λωτὸν ἐρεπτόμενοι de l'*Odyssée?*

Les ornements végétaux du vase, le lotus et le bouton de lotus, trahissent l'influence d'un modèle égyptien; les mêmes motifs, figurés de même, se voient sur un vase du musée de New-York (Perrot, III, fig. 521), une œnochoé également, où un personnage est représenté debout entre un grand oiseau et une fleur de lotus. Mais que signifie l'oiseau qui, dans notre vase, paraît maintenu à l'extrémité d'une baguette que le personnage tient dans la main gauche? On peut alléguer plusieurs analogies; la plus frappante peut-être est celle d'un cylindre en jaspe où l'on a reconnu la *présentation de la colombe* par deux personnages debout, les bras levés (Perrot, III, fig. 431), mais on songe aussi à ces oiseaux qui sont figurés au-dessus des guerriers ou des chevaux sur les coupes gravées phéniciennes[2] et les vases grecs de très ancien style[3]. Quant au costume de notre personnage, tout ce qu'on peut dire avec certitude, c'est qu'il n'est ni égyptien ni assyrien.

7° Les grandes figures en terre cuite, dont les différentes parties ont été moulées à part et rajustées ensuite. Les ornements y sont très nombreux; les doigts des pieds mêmes sont couverts d'anneaux. Ces figures sont toutes richement peintes, tandis que les grandes figures en pierre ne sont colorées qu'avec du rouge, rarement avec du jaune.

Les plus anciennes statues en pierre calcaire découvertes à Dali sont de style égyptien. M. Richter remarque que ce style caractérise les premiers produits de la sculpture en pierre, alors que les terres cuites primitives sont bien plutôt proto-babyloniennes, puis assyriennes et enfin égyptisantes ou gréco-orientales. Au IVe siècle, comme l'ont démontré les fouilles de Polis tis Chrysokhou, la sculpture chypriote trahit exclusivement l'influence grecque. A côté des sculptures en pierre de style égyptisant, on en voit bientôt paraître d'autres qui sont plutôt phéniciennes, et qui sont caractérisées par la grosseur relative et la laideur de la tête, avec une recherche maladroite de la ressemblance individuelle. La grossièreté du style n'est pas un critérium d'antiquité; ainsi les figures chypriotes dues aux Phéniciens sont bien inférieures aux figures égyptisantes, bien qu'elles soient plus modernes. L'influence de l'esprit, sinon encore du style grec, se fait d'ailleurs sentir de bonne heure dans ces imitations locales, et tend à se substituer de plus en plus aux éléments orientaux qui sont la matière de la plastique chypriote à ses débuts.

Dans la série des statues découvertes à Dali, on peut suivre les transformations d'un même motif à travers les différentes phases que nous venons d'indi-

II, pl. XXIII. Le même détail s'observe sur la ciste de Grandate récemment découverte près de Côme.

1. Perrot et Chipiez, III, fig. 514, 516, 518. Cf. fig. 552 (patère de Curium).
2. Grifi, *Monum. di Cere antica*, pl. V, 1; pl. VIII; pl. X, 1; Perrot, III, fig. 408; 544.
3. *Archaeol. Zeitung*, 1881, pl. 12, 13.

quer. Ainsi, nous trouvons d'abord des figures qui tiennent la main droite, ou plutôt le poing, serré contre la poitrine, en laissant pendre le bras gauche le long du corps ; bientôt l'artiste place dans la main droite une fleur de lotus ; enfin, la main droite avec le lotus se détache du corps et s'élève, en même temps que le bras gauche s'infléchit et que la main soulève l'extrémité de la draperie. Nous avons alors le type bien connu de la *Spes* romaine, qui doit se perpétuer jusqu'à la fin de l'art antique.

Il est remarquable que, tandis que l'on a découvert à Chypre des têtes en calcaire rappelant l'art grec immédiatement avant Phidias (M. Dümmler vient de recueillir une tête qui ressemble à celle d'un des Tyrannicides de Naples), l'art de l'époque même de Phidias n'est représenté par aucune œuvre connue : ce n'est que plus tard qu'on retrouve à Chypre l'inspiration de Praxitèle et de la jeune école attique. Cette singularité s'explique par les vicissitudes politiques de l'île, qui échappa à l'influence hellénique à l'époque de la plus grande splendeur de l'art grec. D'ailleurs, Chypre est toujours en retard sur ses modèles, et ce n'est guère que sous les successeurs d'Alexandre que l'hellénisme y prévaut définitivement. C'est alors seulement, suivant M. Richter, qu'on y trouve des temples, au lieu des simples τεμένη de l'époque antérieure, enceintes murées contenant un autel et dépourvues de toits. Les ex-voto sont placés dans des cours, *sub divo*, et non pas dans des endroits recouverts. En général, il y a deux enceintes juxtaposées, l'une avec les offrandes, l'autre avec l'autel; parfois, comme à Voni et à Dali, on en trouve une troisième, qui paraît couverte et est entourée d'une colonnade. Ces sanctuaires proprement dits n'ont encore été signalés qu'en petit nombre, mais M. Richter espère que ses fouilles ultérieures pourront dégager ceux d'Achna et d'Athiénau. Il paraît d'ailleurs certain que les espaces clos ne sont pas un élément nécessaire du temple chypriote primitif, et que le plus grand nombre des τεμένη étaient, suivant le sens propre du terme grec, uniquement des enceintes.

Au sud de Dali, près de l'endroit où fut découverte la table de bronze du duc de Luynes, M. Richter a commencé des fouilles sur la colline Ambelleri. Il y découvrit de beaux murs grecs en grand appareil, mais dut interrompre les fouilles faute d'argent. Deux ans après, en retournant au même endroit, il s'aperçut que les murs avaient été entièrement détruits et les pierres enlevées. Le vandalisme est encore, à Chypre, ce qu'il était au tempsdeM. de Cesnola. (Cf. Cesnola-Stern, p. X.)

X. *Fouilles diverses.* — A *Tremithoussa*, la plupart des tombes ont été violées antérieurement à l'occupation anglaise ; elles appartiennent à l'époque alexandrine et gréco-romaine. On y a trouvé des verreries, des lampes romaines et un grand vase grec avec le graffite ΧΑΡΗΣ. Les vases portant un nom propre au nominatif sont extrêmement rares.

Au cours d'un voyage d'exploration fait dans l'été de 1885, M. Richter s'est assuré qu'il existait à *Agios Tchyonos* (Amathus) un sanctuaire encore inexploré. A *Polis Tis Chrysokou* (Marion), il y a des tombes très nombreuses contenant des statuettes en terre cuite du style grec le plus pur. A l'entrée d'un tombeau de Polis tis Chrysokhou, on a découvert de nombreux fragments d'un groupe considérable en terre cuite représentant des personnages accoudés sur des lits, suivant le type connu des sarcophages étrusques. Une figure couchée, dont la tête manque, a 0m,40 de long. M. Richter m'en a communiqué une photographie qui permet de juger du travail : il est remarquablement soigné, bien que les plis des draperies soient un peu raides. Chaque figure est montée sur une base en forme de lit, surmontée à une des extrémités de deux coussins.

En 1883, M. Richter a fouillé pour le musée britanniqne à *Phoenidschaes* et à *Alambra*. Il a remis à M. Furtwængler un mémoire sur ces fouilles, qui doit paraître dans les *Mykenische Thongefaesse* de MM. Furtwaengler et Lœschke. M. Richter a attiré l'attention des savants allemands sur une série de vases chypriotes qui rappellent de très près les vases de Mycènes et qui précèdent les vases à cercles concentriques datant de l'époque gréco-phénicienne. On trouve également à Phœnidschaes des vases analogues à ceux du Dipylon. La plupart de ces objets sont conservés actuellement à Londres.

M. Richter nous signale, entre autres, les faits suivants, que nous enregistrons volontiers à titre de renseignements :

1° Le vase publié par M. Perrot (*Histoire de l'art*, t. III, fig. 525) comme découvert à Amathonte vient en réalité de Zarnkas.

2° On ne trouve jamais ni miroirs de bronze ni figurines en terre cuite avec des vases portant des ornements incisés. Aussi M. Richter ne peut-il admettre l'hypothèse que l'on aurait produit à Chypre des vases à décor incisé jusqu'aux derniers jours de l'antiquité (Perrot, t. III, p. 686). Ce que l'on a dit de la stagnation des procédés artistiques à Chypre provient, en grande partie, des confusions qui ont été commises par les auteurs des fouilles antérieures, qui n'ont pas marqué avec assez d'exactitude les circonstances et les lieux de leurs découvertes.

XI. *Fouilles auxquelles M. Richter n'a pas assisté.* — Sachant que de nombreuses fouilles avaient eu lieu à Chypre depuis 1878 sous la direction et aux frais de diverses personnes, j'avais prié M. Richter de me faire parvenir quelques renseignements à cet égard. Voici les indications que je dois à son obligeance :

Le 1er janvier 1882, le lieutenant Kitchener et M. G. Hake commencèrent des fouilles aux frais du musée de South-Kensington. On trouva de nombreuses antiquités dans la plaine de Salamine et dans la nécropole voisine du couvent de Saint-Barnabas, notamment de belles statuettes gréco-romaines. A *Gastria* (presqu'île de Karpasso) on découvrit des vases de style gréco-phénicien, dont l'un porte une procession d'animaux. D'autres tombeaux furent ouverts à *Episkopi* (Curion). En 1883, le major Chard recueillit de nombreuses statuettes au même endroit ; une partie de ces objets a été réclamée par le musée de Chypre. Il paraît que les environs de Curium ont aussi été exploités avec succès par M. J.-W. Williamson, éditeur du *Cyprus Herald*; mais ces fouilles, comme les précédentes, n'ont été exécutées qu'en vue de découvrir des antiquités et les enseignements qu'on peut en tirer sont, par suite, sujets à caution.

Des fouilles tout à fait *tumultuaires* ont été pratiquées à *Limisso* aux frais de M. R. Mitchell, commissaire du gouvernement à Limasol, à la fin du printemps de 1883. Le manque de surveillance paraît avoir été tel que les objets des époques les plus diverses furent confondus : des scarabées égyptisants ou phéniciens auraient été découverts, au dire des fouilleurs, en même temps que des lampes romaines et un vase archaïque décoré d'une procession d'animaux. Toutes les fois que l'on n'a pas surveillé de près les fouilles à Chypre, on a cru découvrir *à la fois* des objets de dates fort différentes ; par contre, quand on fait attention, on reconnaît toujours que chaque groupe de tombes a son mobilier spécial. La remarque est utile à faire pour prévenir de nouvelles confusions dues à des procès-verbaux de fouilles inexacts, ou composés après coup d'après des on-dit de paysans.

Il faut féliciter le gouvernement anglais d'avoir laissé subsister la loi des antiquités de 1874, qui, en assurant à l'explorateur une part des trouvailles, stimule le zèle et l'esprit de recherche des particuliers. Mais il semble qu'il ne serait pas excessif d'exiger que les fouilles entreprises par de simples chercheurs d'antiquités ou par des marchands fussent entourées de certaines garanties. La loi turque de 1874 imposait aux explorateurs l'obligation de rédiger des procès-verbaux détaillés, indiquant jour par jour, ruine par ruine et tombeau par tombeau, les objets découverts au cours des fouilles : il serait bon de remettre cette partie du règlement en vigueur et au besoin de faire surveiller les chercheurs par des employés spéciaux, chargés de rédiger au fur et à mesure les inventaires et, toutes les fois que cela serait nécessaire, de dresser des plans. Ce ne sont pas les antiquités chypriotes qui manquent dans nos musées : on peut même dire qu'ils en sont encombrés, mais la plupart, arrivées sans état civil, ne sont curieuses qu'à titre de bibelots et n'autorisent pas de conclusions sur les progrès de l'art et la succession des styles. Le temps est venu d'introduire dans ces études les préoccupations d'une méthode rigoureuse. Ce n'est pas le moindre mérite de M. Richter d'avoir procédé, dans ses nombreuses recherches, avec la minutie dont témoignent les rapports qu'il nous a fait l'honneur de nous envoyer. Puisse-t-il continuer à servir ainsi, malgré les obstacles auxquels se heurte son ardeur, les intérêts de la science et de la vérité ! Puisse-t-il surtout être mis en possession, par la libéralité du gouvernement britannique, de cet indispensable *nerf des fouilles* qui lui a trop fait défaut juqu'à présent !

Salomon Reinach.

ANGERS, IMP. BURDIN ET Cie, RUE GARNIER, 4.

www.ingramcontent.com/pod-product-compliance
Ingram Content Group UK Ltd.
Pitfield, Milton Keynes, MK11 3LW, UK
UKHW020445220726
13923UKWH00005B/2351

9 782019 991500